tredition®

Der Autor

Matthias Ploch, geboren 1971, lebt in mitten des Ruhrgebietes. Er ist Vater von 3 Töchter und auch Großvater zweier Enkelinnen. Sein Tätigkeitsportfolio ist sehr vielfältig, wodurch er in die verschiedenste Bereiche der beruflichen und privaten Tätigkeitsfelder Einblick erlangte, was sich in seinen Werken widerspiegelt. Realitätsbezogen und doch einfühlsam gestaltet er seine Veröffentlichungen.

Matthias Ploch

Lyrische Gedanken

Alltagsvergleiche eines Teenagers

tredition®

© 2020 Matthias Ploch

Autor: Matthias Ploch
Umschlaggestaltung, Illustration: Matthias Ploch
Titelbild: David Mark, Pixabay

Verlag & Druck: tredition GmbH, Halenreie 40-44, 22359 Hamburg

ISBN
Paperback: 978-3-347-04507-1
Hardcover: 978-3-347-04508-8
e-Book: 978-3-347-04509-5

Bibliografische Information der Deutschen Nationalbibliothek:
Die Deutsche Nationalbibliothek verzeichnet diese Publikation in der
Deutschen Nationalbibliografie; detaillierte bibliografische Daten sind
im Internet über http://dnb.d-nb.de abrufbar.

Dieses Buch widme ich den wichtigsten Menschen in meinem Leben:

meiner Mutter *Brigitte*,

meinen 3 Töchtern *Carolina, Alexa und Cassandra* und meinen

beiden Enkelinnen *Enna und Greta*

Inhaltsverzeichnis:

Vorwort

Liebe Leserin,
Lieber Leser,
vielen Dank für Ihr Vertrauen und den Kauf dieses Buches.
Auf den folgenden Seiten lesen Sie meine lyrischen Werke aus den Jahren 1990 und 1991. Seinerzeit wollte ich mit 2 Freunden zusammen ein Buch mit Gedichten und lyrischen Gedanken herausbringen und wir hatten uns als Ziel gesetzt, dass jeder von uns jeweils zirka 100 Werke verfasst, die wir anschließend an mögliche Verlage senden.
Leider ist es zur damaligen Zeit nicht dazu gekommen, da letztendlich die schulische und berufliche Situation unsere Wege trennten.
Über die Jahre hinweg lagen die folgenden Werke brach bei mir zu Hause und über die Zeit sind zu meinem Bedauern auch einige verschwunden, sodass Sie nicht die oben erwähnten 100 meiner Werke in Händen halten.
Des Weiteren ist mir im Zuge der Digitalisierung der Werke aufgefallen, dass ich mit heutigen Wissensstand sicherlich einige Dinge anders geschrieben und gestaltet hätte, was ich aufgrund der Originalgetreuen Veröffentlichung der damaligen Werke nicht geändert habe.
Ich hoffe, Sie finden an dem einen oder anderen Gedanken gefallen und können vielleicht sogar

manche Situation oder manchen Vergleich nachvollziehen.

Tauchen Sie ein in die kleinen Auszeiten mit meinen Gedanken und lassen Sie sich ein wenig zu eigenen Phantasiereisen entführen.

Ich wünsche Ihnen viel Spaß beim Lesen und würde mich freuen, wenn Sie die Zeit für sich und Ihre Gedanken genießen.

Ampel

Es ist
grün,
wir leben
zusammen
und lieben
uns
sehr.
Es wird
gelb,
wir
bekommen
Streitigkeiten
über Kleinigkeiten.
Dann ist es
rot,
die Streitigkeiten
sammeln
sich an,
führen
zum Bruch
und nun
ist es
für
immer
aus!

Angst

Ich
habe
Angst,
Dich
anzusprechen.
Ich
habe
Angst,
von Dir
einen Korb
zu bekommen.
Ich
habe
Angst,
von Dir
ausgelacht
zu werden.
Ich
habe
Angst,
Du
hast
einen Anderen.
Doch,
ich
spreche
Dich

an
und
Du
lächelst
mich
an
und
sagst
zärtlich:
Ja.
Ich
bin
glücklich
sogar
sehr.
Doch,
Ich
habe
Angst,
Dich
zu verlieren.
Ich
habe
Angst,
Du
liebst
irgendwann
einen Anderen.
Ich

habe
Angst,
dass wir
uns
streiten.
Ich
habe
Angst,
dass
dann
alles
zerbricht.
Ich
habe
Angst!
Doch
ich
bin
stark
und
werde
die Angst
überwinden.

Auf einen Nenner

Ich
bin glücklich –
mit Dir.
Genieße
es bei Dir
zu sein,
mit Dir
zusammen
zu sein.
Genieße
jede Stunde –
jede Minute –
ja –
jede Sekunde
mit Dir.
Durch Dich
habe ich
mein
Leben
wieder geordnet.
Du
gibst
meinem
Leben
einen Sinn.
Wenn ich
mit Dir

zusammen
bin,
möchte ich
die Zeit
anhalten.
Du
gibst mir
die Kraft
zum Leben.
Das Ganze
und das,
was ich
Dir
eigentlich
sagen wollte,
könnte man
auf einen
Nenner
bringen:
Kurz
gesagt:
Ich
   liebe
      Dich !!!

Aufmerksam machen

Ich
kenne
Deinen
Namen,
ich
kenne
Deine
Adresse,
ich
kenne
sogar Deine
Telefonnummer.
Du
kennst vielleicht
meinen
Namen.
Wie
schaffe
ich
es,
Dich
auf mich
aufmerksam
zu machen?

Ausspülen

Das Wasser

spült

viel Sand

aus dem

Flussbecken.

Ich hoffe,

Keiner

spült

unsere

Liebe

aus!

Beschäftigen

Viele

können sich

nur mit

Fernseher,

Computer

und Video

beschäftigen.

Wie gut,

dass unsere

Liebe

uns

dazu bringt,

dass wir

uns

auch anders

beschäftigen können.

Bild

Dein

Bild

habe ich

stets

bei mir

Dein

Bild

steht

auf meinem

Schreibtisch.

Dein

Bild

steht

am Telefon.

Dein

Bild

klebt

in meinem

Auto.

Dein

Bild

lässt

mich

immer

und überall

an Dich

denken.

Dein

Bild

gibt

mir

ein ständiges

Glücksgefühl.

Busen

Wäre

Dein

Busen so groß

wie ein

Medizinball,

würde ich

Dich

nicht mögen,

denn

Deinen

wie ein halbes

Rugby Ei geformten

Busen,

liebe

ich

sehr!

Das erste Mal

Als wir
uns
das erste
Mal
liebten,
hab ich
Dir
wehgetan.
Das machte
mich
traurig,
doch Du
sagtest, es
war sehr
schön.
Das macht
mich
glücklich
und das
erste Mal
zu einer
tollen
Erinnerung.

Das tat weh

Neulich hast

Du

ein Treffen

mit mir

abgelehnt.

Du

sagtest,

Du

willst

nicht.

Ich

habe das

so verstanden,

dass Du

keinen

Freund

haben willst.

Nun

sehe

ich

Dich

mit Ihm.

Ihr

geht

Arm in Arm

über die

Straße.

Du

sahst

mich

und

lächeltest

mich

freundlich

an.

Das

tat

weh!

Dein Parfüm

Wir
kennen uns
schon länger.
Ich
kenne den
Geruch
Deines Parfüms.
Du
benutzt
ein hervorragendes
Parfüm.
Doch
Dein
Parfüm
betäubt
mich
immer wieder.
In Deiner
Gegenwart
bin ich
immer
so
schüchtern.

Der Andere

Du
hast
ein Treffen
mit mir
abgelehnt.
Du
hast
keine
Zeit.
Und –
Du
hast
keine
Lust
oder
Du
willst
nicht,
sagtest
Du.
Wir
kennen uns
doch kaum.
Doch Du

sagst,
Du
willst
nicht.
Ich
verstehe
das als:
wir
passen
nicht
zusammen.
Kann
es sein,
dass Du
einen
anderen
hast?
Ja,
Du
brichst
mir
damit das
Herz.

Doch kaum

Es ist
Samstag –
morgen,
gestern
hatten wir
telefoniert.
Du
hast
mir
erklärt,
dass aus
uns
nie
etwas wird.
Warum?
Wir
kennen
uns
doch
kaum!!!

Doch noch

Ich rief Dich an.
Ich wollte mich mit Dir verabreden.
Du hattest keine Zeit.
Du hattest keine Lust.
Du wolltest nicht.
Du winkst mir freundlich zu.
Ich gebe Dir meine Adresse
und meine Telefonnummer.
Du sollst Dich melden,
wenn Du was unternehmen willst.
Einige Zeit vergeht, doch dann.
Telefon!
Du bist dran!
Verabredung!
Kino!
Kuss!
Arm in Arm aus dem Kino gehen.
Dich nach Hause bringen.
Gute Nacht Kuss.
Nächste Verabredung.
Wir sind doch noch zusammen gekommen.
Nun sind wir ein halbes Jahr zusammen.
Und lieben uns immer noch.

Du

Du –
bist so –
geheimnisvoll.
Du –
sprichst
selten –
durch Deine
Mimik –
und
Gestik.
Du –
bist hübsch –
Deine
Haare
und Deine
wunderschönen
blau-grauen
Augen.
Deine
zärtlichen
Lippen

können wundervoll
küssen.
Du –
hast,
und reizt
mich
immer noch!
-
Vielleicht
ist es das,
was
ich
an Dir
so
mag –
und
liebe!

Ende und Anfang

Ich
hatte eine Freundin.
War
am Grübeln,
ob es noch
für lange
hält.
Kam
zu dem Ergebnis
bald
Schluss
zu machen.
Doch
ich
wollte noch
einen „guten"
Moment
abwarten.
Dann –
plötzlich
merkte ich,
dass ich
mich
zu Dir

hingezogen
fühlte.
Ich
kannte Dich
schon
etwas länger.
Doch –
nicht genauer.
Ich
schwärmte
für Dich,
machte
mit „meiner"
Freundin
Schluss,
versuchte
an Dich
„ranzukommen".

Heute
bin ich
glücklich –
durch –
und mit –
Dir.

Energie

Du

gibt's mir

jeden Tag

die

Energie

zum Leben

wie eine

Batterie

der Uhr.

Ewigkeit

Es
gibt den
Begriff:
Ewigkeit
daher
abgeleitet
ist der
Begriff
ewig.
Wird
es uns
gelingen,
uns
bis in die
Ewigkeit
zu lieben
und ewig
zusammenzubleiben?

Feder

Eine Feder
ist leicht,
sie
wird vom
Wind
getragen.
Unsere
Liebe
macht
uns
so leicht
wie eine Feder.
Wir
werden
von der
Liebe
in den
siebten
Himmel
getragen.

Fehler

Du hast,

wie ich auch,

viele

Fehler,

doch wir

sehen

gegenseitig

über unsere

Fehler

hinweg.

Das nennt

man

wohl

Liebe.

Feststellung

Wir haben uns

geliebt,

doch anders

als man sich

liebt.

Dann gingen wir

auseinander.

Ich brauche

Dich

immer noch!

Fragen

Gibt
es Tiere,
die sich
selbst
aus Spaß
zerstören?
Gibt
es Tiere,
die die
Umwelt
zerstören?
Gibt
es Tiere,
die die
Natur
von der
Erde
verdrängen
wollen?
Diese
Fragen
kann man
mit
N E I N
beantworten.
Aber –
es

gibt
Menschen,
die zum
Spaß
töten –
nämlich
die Tiere!
Es
gibt
Menschen,
die die
Umwelt
zerstören
und die
Natur
von der
Erde
immer mehr
verdrängen!
Müssen
wir
nicht
etwas
ändern???

Fragwürdig

Wir

sahen uns

heute

nur kurz,

wir

hatten gestern

miteinander

telefoniert.

Ich

wollte etwas

mit Dir

unternehmen.

Doch Du

sagtest,

Du

willst nicht!

Und heute

winkst Du

mir

ganz freundlich

zu.

Wie soll

ich

das verstehen?

Willst Du

mich

an der

Nase herumführen?

Freude

Immer, wenn

ich

Dich

sehe, muss ich

grinsen,

aber nicht,

weil Du

für mich

lächerlich

wirkst, sondern

weil ich mich

freue.

Gefühl

Immer, wenn

ich

Dich

sehe, verspüre

ich

ein komisches

Gefühl.

Dieses Gefühl

nennt man

wohl Liebe.

Ich

liebe

Dich.

Geheimnisvoll

Wir kennen

uns schon so

lange

und doch

kenne ich

Dich

nicht, denn

Du

bist so

geheimnisvoll.

Gewohnheit

Wir

sehen uns

jeden Tag,

wir

sprechen

miteinander,

doch ich

bin einfach

zu schüchtern

Dich

zu fragen,

ob

Du

mich

magst.

Glück

Die Welt
ist
sehr groß.
Jeder
Mensch
ist
einzigartig
und
wird
als
Individuum
angesehen.
Was
für
ein Glück,
dass wir
uns
gefunden haben
und
so
ausgezeichnet
gut
zueinander
passen.

Glücksgefühl

Dich zu

lieben

ist so ein

Glücksgefühl,

dass ich

nicht

beschreiben kann.

Glückspilz

Wenn ich
mit Dir
durch die Straßen
gehe,
drehen sich
die Leute
nach uns –
nach Dir –
um.
Du
bist wunderschön,
hast Charakter,
bist sehr zärtlich,
Deine Lippen
küssen einfach
wundervoll.
Wenn Du
Irgendwo
hergehst,
bist Du
der Mittelpunkt
vieler Leute.
Wenn wir
zusammen sind,
beneiden mich
sehr viele Männer,
werden eifersüchtig.

Viele
würden gerne
an meiner Stelle
bei Dir
sein,
und durch
das Zusammensein
mit Dir
das höchste
Glücksgefühl
zu erleben.
Ich
bin mit Dir
und
Du
mit mir
zusammen.
-
Was
   bin
     ich
       doch
            für
               ein
Glückspilz!

Heimweh

Ich
bin im
Urlaub.
Du
bist zu
Hause.
Ich
sehne
mich
nach Dir.
Ich
Möchte
nach Hause
zu Dir,
wo ich
meine Wärme
bekomme.
Ich
habe
Heimweh
nach
Dir !!!

Hoffnung

Wir
lieben
uns.
Ich
weiß, dass
Du
abhängig
bist
vom
Heroin.
Doch
ich
will Dir
helfen
davon
los zukommen.
Du
sagst,
Nur noch
einen
Druck.
Jeden Tag
sagst Du
es.
Dir
geht
es

von Tag
zu Tag
schlechter,
aber
nur noch
einen Druck.
Ich habe die
Hoffnung
auf eine
Entziehungskur
für Dich schon
aufgegeben.
Doch
Du
sagst:
Ich
mache Schluss
heute!
Das ist jetzt
2 Jahre
her. Du
bist clean
und
wir
lieben
uns
so
sehr.

Ist das Liebe

Ich
beobachte Dich
jeden Tag
und ich
bin
fasziniert
von Deinen
Bewegungen,
Deiner
Art wie
Du
Dich gibst.
Ich verspüre
ein seltsames
Gefühl dabei.
Ist
das
Liebe?

Kein Trauschein

Wir kennen

und lieben

uns

nun schon

so lange,

wir

wohnen

zusammen.

Wir brauchen

keinen

Trauschein,

um uns

unsere

Liebe

zu bestätigen!

Kerze

Die Kerze

vermittelt,

wenn Sie

leuchtet, –

Wärme,

Geborgenheit

und –

Romantik.

Unser

Liebe

gibt

uns

die Wärme,

die

wir

brauchen.

Die Geborgenheit

nach der

wir

uns

sehnen.

Und

es

ist

unglaublich

romantisch

Dich

zu lieben

und

zu wissen,

Du

bist

da.

Korb

Ich
sehe
Dich
jeden Tag.
Ich
spreche
mit Dir.
Dann
rief
ich
Dich
an
und Du
sagtest,
es wird
nichts
mit uns.
Du
hast
keine
Lust.
Du
willst
nicht.

Ich
habe schon
viele Körbe
in meinem
Leben bekommen.
Doch
bei keinem
war es
so schlimm
wie bei
diesem.
Es
tat
sehr, sehr
weh.
Doch
ich
glaube,
ich
werde
nicht
aufgeben.

Krieg

Der Krieg
ist
heilig,
oder?
Doch
er
ist heilig.
Die Kirche
spricht
ihn
heilig.
Es ist
also
eine Ehre,
im Krieg
zu fallen
und –
die Familie
in Trauer
zurück zulassen.
Aber
wir
sterben
nicht

wirklich,
es
gibt
das ewige
Leben,
oder?
Doch
die Kirche
verspricht es.
Und
wenn es
das ewige
Leben
gibt,
ist der
Krieg
ja auch
heilig.
Also
der
Krieg
ist
heilig,
o d e r ???

Kritik

Du
bist Polizist.
Du
verfolgst
Mörder, Diebe,
Sittlichkeitsverbrecher usw.
Doch
auch das
sind
Menschen,
kranke Menschen,
aber doch
Menschen.
Du
bist Polizist.
Du
darfst –
im Notfall –
schießen
und –
morden.
Du
bringst
die Verbrecher –
die Kranken
in die
„Heilung", –

den K N A S T.
Du
tötest
weiter.
Du
bist
nicht
krank.
Du
machst Deinen
Job.
Das
widerspricht
sich.
Als Kranker
jagst
Du
Kranke.
Na ja,
aber
Du
bist Polizist.
Du
verfolgst
Mörder!

Lachen

Dein Lachen

fasziniert mich

wie Deine

Lippen

langsam

breiter werden

und Dein

Mund

sich öffnet

und dann

Dein

Lachen

mich über alles

hinweg tröstet.

Lange Haare

Die Angst

Dich

zu verlieren,

ist so

groß,

wie

Deine

wunderschönen Haare

lang

sind.

Leben

Deine
Liebe
lässt mich
leben.
Ich weiß
nicht,
wie ich
ohne
Dich
vorher leben
konnte.
Wenn
Du
mich
verlässt,
weiß ich
nicht
wie ich weiter
leben
kann.

Leben II

Mit Dir

ausgehen,

Dich

umarmen,

Dich

in meiner

Nähe

spüren,

Dich

küssen,

mit Dir

Zärtlichkeiten

tauschen,

das

nenne

ich

Leben.

Leben III

Die Bäume
schenken
uns
die Luft
zum Leben,
doch
Du
schenkst
mir
den Rest,
den ich
zum Leben
brauche.

Leer

Ein Tag

ohne

Dich

auch nur

zu sehen,

ist total

leer.

In jeder

freien

Minute

denke

ich

an Dich.

Ich

brauche

Dich.

Leistung

Unsere

Arbeit

fordert von

uns

beiden

sehr viel

Leistung

und Konzentration,

wie gut,

dass wir

nach Feierabend

Arbeitsteilung

machen und

uns

fast blind

verstehen.

Licht

Du bist

wie

eine Sonne,

denn Du

bringst Licht

in das Dunkel

meines

Lebens.

Liebes-Erklärung

Wenn ich
Dich
sehe,
Dein
Gesicht,
Deine
Stirn,
Deine
Haare,
Deine
Ohren,
Deine
Nase,
Deine
Augen,
Deinen
wunderschönen,
sinnlichen
Mund
und
dann
Deinen
Körper.
Ein
Körper,
der
so

schön
ist,
das
ich
ihn
nicht
beschreiben kann.
Dann
ist da noch
Dein
Name.
Ein
wunderschöner
für mich,
einzigartiger
Name,
fange
ich
an
von Dir
zu schwärmen.
Was ich
Dir
damit sagen will, ist,
dass ich
Dich
liebe!!!

Nicht wegen so Einer

Du
hast
mich
mit
einer
Anderen
gesehen,
Du
hast
gefragt,
ob
ich
sie
mag.
Ich
sagte:
Ja.
Du
fragtest,
ob
ich
sie
liebe,
ich

antwortete,
ich
weiß nicht.
Du fragtest,
ob
ich
mit ihr
schlafe.
Ich
antwortete:
Nein.
Du
fragtest:
Willst
Du
mich
verlassen?
Ich
antwortete
nur:
Doch
nicht
wegen
so Einer.

Nie aufgeben

Ich
fragte Dich.
Du
sagtest:
Nein.
Du
brachst
mir
damit mein
Herz.
Wozu
noch essen?
Wozu
noch trinken?
Wozu
noch arbeiten?
Wozu
noch lernen?
Wozu
noch leben?
Ich
bringe
mich um.
Dann
muss
ich
nicht

ständig an
Dich
denken.
Doch
dann –
fällt mir ein,
dass
jemand
vielleicht
doch
um mich
trauern
würde.
Dann
mache ich
weiter in
meinem Trott.
ich
liebe
Dich
immer noch
und –
ich
werde
nie
aufgeben
Dich
zu bekommen.

Nur ein Traum

Du
bist da,
weil ich
Dich
brauche.
Wir
sprechen
zusammen,
spielen Karten,
trinken Kaffee
zusammen,
die Wohnung
ist voll
Leben.
Dann wache
ich
auf.
Es
ist
still.
Die Wohnung
ist
leer.
Keiner
mehr da.
Es
war

nur
ein Traum,
leider
nur
ein Traum.
Gibt
es die
schöne
Welt
nur
im Traum?
Nach dem
Traum
ist
alles
anders,
alles
leer,
alles
kalt.
Es
war
halt nur
ein Traum.
Schade!

Ohne Grund

Du
sagtest
Nein
am Telefon.
Ich
fragte
nach den
Hintergründen,
doch
Du
hast
sie
mir
nicht
gesagt,
Du
sagtest
nur
nochmals
Nein.
Warum?
Ich
liebe
Dich
d o c h !!

Pervers

Was
heißt pervers?
Für einige
ist es
pervers,
Liebe
mit Peitschen
und Unterdrückung
durchzuführen.
Für andere
normal.
Für einige
ist es
pervers,
wenn sich
‚Alte‘ Menschen
mit ‚Tweens‘
treffen.
Für andere
normal.
Für einige
ist es
Pervers,
wenn die
Art
der Liebe
nicht ihrer

Art
der Liebe
entspricht.
Für andere
ist es eine
normale
Art
der Liebe.
Pervers
wird immer
subjektiv
betrachtet.
Für Pervers
wird es
nie eine
objektive
Definition
geben.
Also –
Was
heißt
Pervers?

Reim

Als ich Dich zum ersten Mal sah,
war für mich klar,
dass es mit uns beiden,
nichts geben würde zu leiden.

Ich hoffe, Du schwärmst noch für Keinen,
sodass ich nicht einen Rivalen muss meiden,
wenn es doch jemanden gibt,
ist es für mich ein Herzenshieb.

Du gefällst mir sehr,
dass ich von Dir wissen möchte mehr,
diese Tatsache verdeutlicht noch mehr
Dein so junges Alter.

Der Weg zu Dir ist lang,
doch er macht mich nicht bang,
ich hoffe vielmehr,
dass ich ihn meister.

Man könnte sich ja schreiben,
und somit eng befreundet bleiben,
könnten wir uns einmal im Monat sehen,
wäre es um mich auch schon geschehen.

Bitte enttäusche mich nicht,
sonst wäre es für mich kein Gedicht,
und ich könnte kaum
erhalten meinen Lebenstraum.

Sag es mit Blumen

Man
sagt:
Sag es
mit Blumen.
Doch
in Wirklichkeit
sagt man es
doch nur
durch die
Farbe
der Blumen.
Oder –
wir
drücken es
mit der Bedeutung,
die wir
den Farben
zugeordnet haben,
aus.
Also
sag es
mit Blumen!

Scheinwelt

Du sagst:
Du
brauchst mich.
Ich
Dich
auch.
Du sagst:
Du
liebst mich.
Ich
Dich
auch.
Du sagst:
Du
verlässt mich.
Sag mal,
leben wir
in einer
Scheinwelt?

Schüchtern

Ich
sehe Dich
jeden Tag.
Ich
beobachte
Dich.
Ich
mag
Dich.
Ja,
ich
liebe
Dich
doch
ich
bin
zu schüchtern.

Sommersprossen

Jeder
meint,
Du
bist braun.
Hübsch
bist Du
sowieso.
Deine
„Bräune"
allerdings
kenne
nur
ich
genau.
Es
sind nämlich
viele
kleine,
süße
Sommersprossen,
die ich
sehr
liebe.

Spiel der Liebe

Man sagt
Glück
im Spiel,
Pech
in der Liebe
und
man sagt,
Pech
im Spiel,
Glück
in der Liebe.
Doch
trennen
können wir
unsere Liebe
und
das Spiel
nicht,
da
die Liebe
immer
ein Spiel
ist.
Sei es
mit Gefühlen
oder
mit Materialien.

Unsere Liebe
ist ein
sehr schönes
Spiel,
da wir
uns
in den
Gefühlen
nichts
zu sagen
brauchen.
Wir
ergänzen
uns
so
ausgezeichnet,
dass
ich
anfange
das Spiel
der Liebe
zu
lieben,
genauso
wie
ich
Dich
liebe.

Sucht

Ich
bin süchtig.
Süchtig
nach Nikotin
und
süchtig
nach Alkohol.
Ich
rauche zu viel
und
trinke zu viel.
Doch
was soll es,
wozu
lohnt es sich
zu leben?
Wozu
noch den
Alltagstrott
ertragen?
Dann –
sterbe ich
lieber
nach einem kurzem,
aber –
genossenen
Leben!!!

Sucht II

Ich
bin süchtig.
Süchtig
nach Dir,
Du
mit Deinen
wunderschönen
Augen,
Deiner
Ausstrahlung.
Dich
möchte ich
immer haben.
Ich
bin süchtig –
nach Dir.
Und –
ich
hoffe, diese
Sucht
hört
NIE
auf!

Tatsache

Du
brichst jedes
Eis,
denn Du
bringst Deine
Freundlichkeit
ganz offen
an die
Umwelt
und erfreust
die Menschen.
Solche Leute
braucht
die Welt.

Teddy

Teddybären
sind
klein.
Teddybären
sind
weich.
Teddybären
haben
ein Herz –
für Kinder.
Teddybären
sind
Ansprechpartner –
für Kinder.
Teddybären
haben
ein offenes
Ohr –
für die Probleme
der Kinder.
Teddybären –
gut, dass Ihr
da seid.
Wo sollen
sich sonst die Kinder
ausweinen?

Traurig

Ich
bin traurig.
Warum?
Ich
mag Dich.
Ja,
ich
liebe
Dich.
Doch
Du
nimmst
mich
gar nicht
wahr.
Ich
rufe
Dich
an.
Deine
Mutter sagt,
Du
bist nicht
da.
Du
bist
bei Deinem

Freund.
Und
dann sehe
ich
Dich
mit ihm.
Du
umarmst
ihn.
Du
bist schön,
zu schön
für ihn
und
mich.
Du
verdienst
etwas
Besseres
als uns.
Darum!
Ich
bin traurig.
Warum?

Übertragen

Ein Tonträger

und ein

Kabel

übertragen

Musik.

Ich

hoffe, meine

Worte

übertragen

Dir

meine

Liebe

und

machen sie

für Dich

verständlich.

Umwelt ändern

Die Umwelt
ist viel
zu stark
verschmutzt.
Schuld
sind die
Autos!
Für die da
oben
sind die
Autos
schuld.
Doch in
Wirklichkeit
ist nicht
der „kleine"
Mann
schuld,
es sind
die Konzerne
und –
Großindustrien.
Aber die
Regierung
sagt:
Die
PKWs

sind schuld
und es
muss
sich etwas
ändern.
Ja,
es muss
sich auch
etwas
ändern.
Aber
vor allem
in der
Industrie
und
in dem
D e n k e n
bzw. in den
D e n k v e r s u c h e n
der
P o l i t i k e r
und –
der
R e g i e r u n g !!!

Unnahbar

Du gefällst

mir

und ich würd'

gern

mit Dir

gehen,

doch ich

weiß nicht,

wie soll ich

es Dir

sagen.

Du

bist für

mich

unnahbar!

Unser Lied

Immer,

wenn wir

uns

trafen,

hörten

wir

ein bestimmtes

Lied.

Seit

wir

nun auseinander sind,

kann ich

dieses Lied

nicht mehr

hören,

ohne

zu weinen.

Vampir

Ich brauche

Dich

so sehr

zu meinem

Leben,

wie ein

Vampir

das

Blut.

Vergessen

Dich zu

vergessen

ist für

mich

unmöglich,

denn Du

bist mein

Leben.

Vergleich

Ich bin ein

Autofanatiker

und ich

liebe

die

Schönheit

vieler Autos,

aber

Dich

und

Deine

Schönheit,

liebe

ich

mehr.

Verlieren

Die Vorstellung

Dich

zu verlieren,

tut bei dem

Gedanken

daran schon

weh.

Video

Video
heißt,
ich sehe,
beim Video
kann man
auch
hören.
Doch
Dich
sehen, hören,
berühren
und fühlen
macht
mehr
Spaß.

Walze

Letztens
stand
ich
an einer
Baustelle
und
sah
den Arbeitern
zu.
Dort war
auch eine
Straßenwalze,
die den frischen
Teer
glättete.
Da
kam mir
in den
Sinn,
dass
unsere Liebe
nie
so
platt
werden
darf.

Wärme

Durch Deine

Liebe

habe ich soviel

Wärme.

Ich könnte

nackt

herumlaufen.

Warten

Ich
warte
jeden
Tag
an der
Bushaltestelle
auf Dich,
doch wenn
Du
dann vorbeigehst,
bin
ich
einfach zu
schüchtern,
Dich
anzusprechen.

Warum musstest Du sterben

Ich
liebe Dich.
Du
bist abhängig
vom Heroin.
Ich
will
Dir
helfen.
Du
sagst,
Ja, ja,
ich
komme
weg davon.
Dann
gehst
Du
wieder auf
den Strich.
Du
verkaufst
Dich
für den Stoff,
Du
hast nur
noch

den Tod
zu erwarten.
Ich
liebe Dich –
doch
und Du
willst
nur noch
sterben.
Egoistin,
rappel
Dich
auf.
Komm
weg davon.
Du sagst:
Einmal noch!
Du gehst
auf den Strich –
einmal noch.
Doch,
es war –
das letzte Mal.
Ein Freier
brachte Dich
um.
Warum musstest
        Du sterben???

Wehrlosigkeit

Wir
kennen uns
sehr lange.
Ich
will mit Dir
schlafen.
Du
fängst an
zu weinen.
Du
bist 23.
Doch
Du
weinst
wie ein kleines
Kind.
Du
erzählst mir,
dass Du
vergewaltigt
wurdest und
weiterhin
sexuell missbraucht.
Jetzt verstehe
ich
Dein
Weinen.

Du
sagst,
Dein
Vater
hat Dich
vergewaltigt
und
Dich
sexuell
missbraucht.
Das war
vor 10 Jahren,
Du
musst immer
noch darunter
leiden.
Wie können
Eltern
ihren Kindern
so etwas
antun?
Sie
schaden
dem Kind –
Menschen
das ganze
Leben!!

Zeit

Man
sagt:
Die Zeit
heiligt
die Mittel.
Doch
in meinem
Fall
glaube
ich,
das kaum,
denn
von dem
Korb
werde
ich
mich
nicht
so schnell
erholen.
Ich
liebe
Dich
d o c h !!

Zum Abschied

Du gehst
beginnst neu,
lässt alles
hinter Dir,
fängst ganz
neu an.
Ich
bewundere Dich
und
beneide Dich
darum.
Beneide
und bewundere
Deinen Mut,
alles
weg zu legen
und
neu
anzufangen.
Es fällt
mir
schwer
Dich
gehen zu lassen.
Doch –
Du
gehst, -

- willst
gehen
und musst
gehen.
Ich
wünsche
Dir
viel Glück
und
dass Deine
Träume
und Wünsche
in Erfüllung
gehen
werden,
bei Deinem
Neuanfang.

Danksagung

Ich danke meinen beiden damaligen Freunden für den Antrieb und die Motivation zu den lyrischen Gedanken und all den jungen Frauen, die mich damals zu den Gedanken und Vergleichen angeregt haben.
Ohne Euch wären die vorherigen Seiten nicht möglich gewesen und somit auch nicht entstanden.
Auch Euch –namentlichen Ungenannten– ist dieses Buch gewidmet.

Zeitfracht Medien GmbH
Ferdinand-Jühlke-Straße 7
99095 Erfurt, Deutschland
produktsicherheit@kolibri360.de